愛の使者

アセンション・ファシリテーター
Ai

明窓出版

―― 愛のアファメーション ――

神聖なる愛（1）

愛とは、始まりで、終り。
愛とは、神聖。
愛は、無限。
愛は、すべての源。
愛は、生命。
愛は、光。
愛は、すべてを結ぶもの。
愛とは、感じるもの。

愛とは、発現するもの。
愛とは、贈りあうもの。
だから、愛は無限。
愛は、命。
愛は、最も身近で、最も大切なもの。
そしてすべて。
無限で、永遠。
愛は、最大の歓喜。
愛は、最大の幸福。
愛は、神の歓喜。
愛は、私の歓喜。
愛は、神の幸福。

愛は、私の幸福。
愛は、すべての生命の源。
すべては、愛から生まれた。
私は愛。
愛は私。
宇宙のすべてが、私のすべてが、愛になっていく。
――愛とは、成るもの。
今、私の中心から、宇宙の中心から、神聖なる愛が輝きだす。

一なる愛の根源より　（チャンネル：Ａｉ）

愛の使者　目次

はじめに

みなさま、こんにちは！

この本は、たくさんのご希望によって誕生しました！

この本の計画は、高次と地上のみなさまからのご希望によって、かなり前からありました。

この原稿作成をスタートする予定は、元から二〇一一年三月でしたが、三月十一日の東北大震災により、ますます重要なプロジェクトとなりました。

おりしもこの三月には、高次からの希望により、たくさんの重要なプロジェクトがスタートしています。そして本書の計画も、その一部となる、重要なものとなっています。

前著の『天の岩戸開き』は、高次のプログラムによって取り急ぎ発刊したこともあり、どちらかというと上級者向けとなっています。アセンションと、そのライトワークをすぐにスタートする準備ができている人向けです。エネルギーで分かる人たちは、すでに動き出しています。

一方、本書『愛の使者』は、子どもからお年寄りまで、誰もが真のアセンションの扉を開けるツールとなるものです!!

本当は、それは誰にでもできるのです!!

そして、誰にとっても最も大切で、素晴らしいことなのです!!

ぜひ御家族で読んでいただき、子どもさんとともに、そして老若男女関わらず、ともに体験していただけましたら、この上なく幸いです。

一なる根源の愛と光とともに　　　　アセンション・ファシリテーターAi

（※本書は、皆さんのハイアーセルフを含む、高次のすべての愛の連合のサポートでつくられています。）

第一章
アセンションの真の扉が開く！

アセンションは誰にでもできる！

アセンションについて興味を抱き、まずは理解したいと思っても、世の中のアセンションに関する本は、むずかしい言葉や内容が多すぎるという意見が多くありました。

アセンションについて関心がある。知りたい！　誰にでも理解できるような本があったらいいのに、体系的なものがない！　皆にわかりやすく説明できるような資料がほしい！　いつでも持ち歩ける、アセンションのハンドブックがほしい！

――そのようなご希望をたくさん耳に、目にするようになり、本書が企画されました。

そして高次でも、当初からこの計画はあったのです！

体系的なものも、今後順次、発信していく予定です！

――アセンションは、実は子供からお年寄りまで、誰にでもできるものなのです！

それがアセンションの真実であり、深い奥義《おうぎ》でもあります。

そして、誰にでも、理解できるものです。

また、誰にとっても、実は最も重要なものなのです。

――それはどんなものなのでしょうね?!　ワクワクしますよね!!

本書は、皆さんのハイアーセルフ（高次の真の自分、魂レベル以上の永遠の自分）を含む、高次のすべての愛の連合によってつくられています。

そしてそのドラマは、今（中今）、リアルタイムで進行中です!!

では、ともに探求していきましょう!!

アセンションのはじめの一歩！

まずは、「アセンションのはじめの一歩」からです。

そしてこれは、とてもとても重要な基礎です。

これを知っているかどうかで、その後の展開が大きく変わっていきます。

ですから皆さんは、すでにとても重要な展開に入ろうとしているということですね！（笑）

――アセンションの流れは、宇宙のはじまりまでさかのぼります。なぜなら、ズバリ分かりやすく言いますと、**宇宙の目的とは、アセンションそのものだからです！**

そして、地球などの惑星における意識の進化は、大きくは次の二つのステップとなります。

一、宇宙の高次の霊から魂が生まれ、それが地上で進化した肉体に降りていくまでの前半。

二、地上にいる皆さんが、自己の本体である魂や、さらなる高次と真につながり、融合していく後半。

まさに「今」が、この「第二」の時なのです!!

それが、アセンションの、今、この時なのです!

それは、高次では「**タッチ&ゴー**」と呼ばれています。飛行機が、一瞬だけ地上に触れて再び上昇していくという、高度なワザにちなんだものです。

「タッチ&ゴー」と呼ばれていることには、いくつかの理由があります。

ひとつは、アセンションとは自己の魂や、より高次との融合、統合であり、五次元以上の波動になっていきますと、地上の時間の観念とは違っていく。時間エネルギーが加速していき、ゼロに近づいていく、ということです。

※これは、本格的にアセンションを学んでいくと、実際に体験していきます！

そしてこの現象が、アセンションの特徴のひとつであるとも言われています。

詳細については、本格的な五次元学となりますので、本書では述べませんが、「魂」は五次元以上に存在し、自己の最初のレベルの真の創造主であり、本当の自己の永遠の本体であり、自己のすべての現実を創造している、ということだけ、今は覚えておいてください！

こうして、どんどんスピードとエネルギーが高まっていくので、まさに「タッチ&ゴー」と感じるわけです！

二つめは、「アセンション」というものが、宇宙のすべての進化の「ゴール」であるということです！　地球人類は、今、まさにその時期に入っています。ですから多くの皆さんが、アセンションに関心があるのです。だから今回、アセンションについて学び、体験するために地球に来ているのです。

地球と人類の進化の「卒業式」でもありますから、「今、この時」なのです！

現在のアセンションの加速は、ひとつの惑星の進化の中で、たった一度しかないと言われています。フォトンベルト等とも呼ばれる、アセンションD

NAの変容に必要な、現在のフォトンの増大期間は、四十億年にたった一度のものであり、約四十年間であると言われます。
それは一九八〇年代から始まっていると言われますので、あと十年くらいです。

だから、「タッチ&ゴー」なんですね‼

だから、皆さんのハイアーセルフとたくさんの高次が、「今、この時」に、応援にきているのです！　皆さんのハイアーセルフと高次が、「今、この時」と、宇宙のはじまりから決めていたのです！
それが、真の地球維神《ちきゅういしん》なのです。

皆さんのハイアーセルフと高次が、地上へ降りてこられる唯一の場所。それがどこかわかりますか⁈

それは、皆さんの【ハート】です！

ですから、ハート＝ハイアーセルフなのです！

ハートとは、【愛】のエネルギーの中心ですね！

これが、宇宙のアセンションの、とてもとても重要な奥義であり、秘密なのです！

本当は誰にでもわかり、最も大切なものであるということが理解いただけたでしょう！

皆さんのハイアーセルフと、我々＝高次の愛の連合は、今、これをお伝えするために来ているのです！

愛の使者として！

それは、皆さんのハイアーセルフです。そしてこれは、皆さんのハートからのメッセージなのです！

今、この時、皆さんのハイアーセルフと、高次の愛の連合、そして地上の皆さんの努力により、皆さんのハートにつながることができました！ようやく地上まで降りてくることができたのです！これが真の、地球維神です。タッチ&ゴーで、これから、すべてとともに、上昇していきます。

今が、まさに、その最大のチャンスです！

これが、皆さんのハイアーセルフと、高次のすべての愛の連合による、「愛の使者」のプロジェクト=地球維神なのです。

すべての真のはじまり、アセンションのはじめの一歩となるのは、まさに皆さんの【ハート】＝【愛】であるということを、まずは覚えておいてください!!

――では、「アセンションのはじめの一歩」について、さらに詳しく観ていきましょう。

有史以前に、アセンションが最も活性化していたのは、皆さんがアトランティスと呼んでいる時期です。本書では詳細を述べませんが、実は数百万年前の創始の真のアトランティスとは、太陽を中心とする、太陽系の文明でした。後世、なんらかの形で記録が残っているのは、真のアトランティスの末期の末期、いわば「地球支店」の末期のものであり、その断片的なものです。

太陽系を中心とするアトランティスの最盛期は、五次元から八次元で、魂レベルのものであり、魂の進化を主にしていました。

地球では、シャンバラと呼ばれる神都を中心に、レムリアで、現在の人類のひな形となる肉体の進化と、アストラル体（感情エネルギー）の進化がなされていました。

太陽系でのアトランティス期が終わってから、この流れが地球で合流していきました。

アトランティス期の最終終了時、太陽系の進化・アセンションを司っていた高次のマスターたちは、神殿を引き上げ、月の裏側に隠したと言われます。そしてアセンションの高次のアカデミーの一部を、インナーアースに残しました。

さて、今回の、宇宙・地球の最終・最大アセンションの準備として、アセンションの情報の準備となる「ニューエイジ」の情報が、一九七〇年頃から出てきました。実は、この動きのトップ＆コアは、太陽系とアトランティスのマスターたちでした。

その内容は、古今東西を統合した最新のもので、とても分かりやすくなっていましたが、実はアトランティス最盛期レベルの、トップ&コアのものなのです。

そこに、「アセンションのはじめの一歩」の、重要な鍵が隠されているのです!

それは何でしょう?!

わかりやすく一言で言うと、「**自己のすべての現実の、真の創造主は、真の自己=ハイアーセルフである**」ということです。

高次の宇宙学では、「**真の自己=ハイアーセルフが同意していることしか**

起こらない」と言われています。

様々な出来事には、原因、結果、目的などがあります。

それに意識的に気づいていくほど、真の自己＝ハイアーセルフとつながっていきます。

すなわち、いわゆるカルマの法則などから、自由になっていくということです。

高次の宇宙連合＝我々のハイアーセルフ連合の一部も、カルマの法則とは、学び、習得することが望ましい課題として、真の自己＝ハイアーセルフがつくっているものであり、そこから唯一最大、かつ、瞬時にでも自由になる法則とは、意識の拡大、つまり「アセンション」であると言っています。

――ゆえに、古今東西のマスターのトップ＆コアの叡智、「アセンションのはじめの一歩」のその一とは、まず、「**犠牲者意識をやめる**」ということなのです。

宇宙創始からのアセンションの重要な奥義には、次のものがあります。

「**上にあるがごとく下にも**」。

これは、真の自己＝ハイアーセルフが、地上の自分につながり、発現されていくことを表します。（※「下にあるがごとく下にも」とならないよう、御注意！〈笑〉）

「**内にあるがごとく外にも**」。

トップ（上）＝コア（中心）ですので、「上にあるがごとく下にも」と本質的には同じですが、縦軸ではなく、「球体」的に観たものです。

すなわち、真の自己の中心であるハートと魂のエネルギーが、毎瞬、自己のすべての現実を創造している、ということなのです！

日々、よーく観察してみてください！　必ずそれに気づくでしょう！

ですから、皆さん、**自己の真の創造主**になってください！

真実は、実際にそうなのです。それに気づくことが重要なのです。

これは、アセンションの「はじめの一歩」であり、かつ、とても重要な奥義＝秘密の一つです！

まずは、これだけで皆さんは、あらゆるすべてから真に「自由」になり、そして「無限の可能性」が開けます！

自己の真の創造主になれるのです！

――以上、皆さんは、「アセンションのはじめの一歩」その一、「自己の現実の真の創造主は、真の自己＝ハイアーセルフである」ということについて理解されたことでしょう。

次に「アセンションのはじめの一歩」、その二とは?!

――それは、**【愛を選択する】**ということです!!

では、「愛を選択する」とは、具体的には、どういうことでしょう？

古今東西のマスターの叡智のその二。そこには、「**【愛】**の対極＝反対のエネルギーとは?!」という命題＝テーマがあります。

皆さん、「愛の反対のエネルギー」って、何でしょうね？

多くの人が、「憎しみ」と答えるのではないでしょうか？

しかし、マスターたちは、実はそれが「おそれ」（怖れ）であると言うのです！

——よ〜く、考えてみてください！　感じてみてください！

たしかにそうだと思いませんか？

愛とは、意志でもあります。そして勇気でもあります。

無条件＝絶対的な愛とは、母なる大地のように、わけへだてなく、すべてのものを愛し、育む心です。

人は、三次元的なものの観方ですと、つい、無条件ではなく、条件的な愛（？）に陥りやすくなります。「何々をしてくれないといやだ」「あなたが何々をしてくれたら、私も何々をする」「あなたが愛してくれたら、私も愛する」……というようなものです。

これは、相手や事象の普遍的な幸せを願う「勇気ある愛」ではなく、自己中心のエゴであり、実はその根底には、「おそれ」があるということに気づいてください。

――すべての存在は、愛を求めているのです！

しかし、愛の法則とは、宇宙の法則であり、アセンションの法則と同じです。

すなわち、自分が「宇宙に贈ったものが、宇宙から贈られる」ということなのです!!

この「愛の法則」について、ぜひじっくりと探求してください!!

そして、どのような場面でも、【愛を選択】してください!!

それは、あなたが【愛の使者】となる、偉大な一歩となるでしょう。

そしてその時、真のアセンションの扉が開いたことに気づくでしょう。

――【愛】という名の!!

第二章

愛の使者になる！

【愛】とは?!

さあ、いよいよ皆さんは「愛の使者」になるための準備が整ってきました!!

【愛を選択する】それができたら、もうすでに「愛の使者」のスタートです!!

——さて、すべての皆さんが、【愛】は重要であると思っているでしょう。

そしてじっくり考えてみても、宇宙で最も大事なものであると思うのではないでしょうか?

【愛】は、アセンションにおいても、最も重要であると言われます。

【愛】は、アセンションの「はじめであり、おわりである」と、超古代のマスターも言っています。

それはなぜなのでしょうか？　理解を深めるために、いっしょに体験していきましょう！

――まず、【愛】とは何でしょうか?!

すぐに答えられる人も、そうではない人も、いると思います。

実は、ほとんどの人が、【愛とは】ということについて、じっくりと考えてみたことがないのではないでしょうか？

初めての人も多いと思いますが、よい機会ですので、ぜひ今、いっしょにやってみましょう!!

まずは、【愛】について、いっしょに考えてみましょう！

【愛】のエネルギーを、感じてみましょう！

あなたが深く愛を感じた体験を、思い出してみてください！

その時の感覚を、リアルに思い出してみてください！

いかがでしょうか？

――今、あなたが感じたもの。それが、あなたの【愛】のエネルギーなのです!!

それは、どこで感じるのでしょうか？　頭や、足や、お腹ではないと思います。

そうですね、ハートの中心ですね。自分の中心。心臓があるあたりですね。
それを、アセンションでは「ハートセンター」と呼びます。ハート＝愛の中心、という意味です。

古来からのヨガなどでは、人体には、七つのエネルギーセンター（チャクラ）があると言われます。

トータルで簡単に述べると、人の究極の構造は、三つのレベルで表されます。
それは、霊・魂・体です。これらが三位一体となり、人が形成されているのです。それぞれの詳細は分からなくても、だいたいの感覚はイメージできますね！

エネルギーセンター（チャクラ）は、この三つのレベルで簡単に言うと、

「魂」と「体」の中間に位置すると言えます。

霊とは、簡単に言うと、自分の魂と、神＝宇宙のすべてをつなぐものです。

魂とは、第一章に出てきましたように、真の自分、永遠の本体です。

魂は、宇宙創始からのマスターの叡智でも、その本質は「太陽」と同じであり、その一部であると言われているのですが、魂を自分の太陽だとすると、各チャクラは、そこからプリズム（水晶などの多面体）で分かれた、各光線であると言えます。

そうです。虹のような感じですね！

その各光線には、様々な働きがあります。主には、様々な高次のエネルギーを、魂とハートを中心に、各エネルギーセンターを通して肉体に伝えるというものです。

ですから、内臓とも直結しています。実は皆さんも、普段から感じていますし、感じることができるものです。

例えば「愛」のエネルギーセンターのハートは、「愛」を感じた時にドキドキしたりしますよね！

各チャクラの働きについて簡単に述べますと、まずは赤の第一チャクラ。尾てい骨の近くにあります。通常は本能などを司っていますが、アセンションで活性化すると、「意志」のエネルギーとなり、上昇のパワーとなります！

オレンジの第二チャクラは、お腹のあたりにあり、「創造」のエネルギーを司っていると言われます。その代表的な働きは「子宮」です。

黄色の第三チャクラは、胃のあたりにあります。「感情」のエネルギーを司っています。

平均的な地上の人類の意識は、実はまだ、この第三チャクラのあたりにあります。

そして、より進化した緑の第四チャクラが、「ハートセンター」で、心臓のあたり、人体の中心に位置し、【愛】のエネルギーを司っています。

※ここで重要なことは、宇宙創始からの高次の流れを汲むアセンション・アカデミーでは、トータルで七つのチャクラとするのではなく、現在、「八つ」としていることです。

実は、太陽系の創始、太陽系の文明としてのアトランティスの最盛期では、「八つ」だったのです！

ここでは詳細は述べませんが、地球は、様々な意味で、古来から「七」の数霊とされており、太陽は、「八」で表されます。

今、この「八つ」のチャクラ＝エネルギーセンターが、とても重要なのです！

実は、地球人類が本格的なアセンション・シーンに突入した一九八〇年代から特に、この「八つ」のエネルギーセンターでないと、対応できなくなっているのです。

逆に、この「八つ」のエネルギーセンターを活用すると、皆さん、どんどんアセンションしていきます!!

それは、中今の太陽系のアセンションエネルギーと対応しているからです。

各チャクラは、各次元ともつながっているのです。

（※「八つのエネルギーセンター」については、次頁の図を参照してください）

創始であり、最も新しい「八つ」のエネルギーセンターでは、現在はあまり知られていない、第五のチャクラがあります。

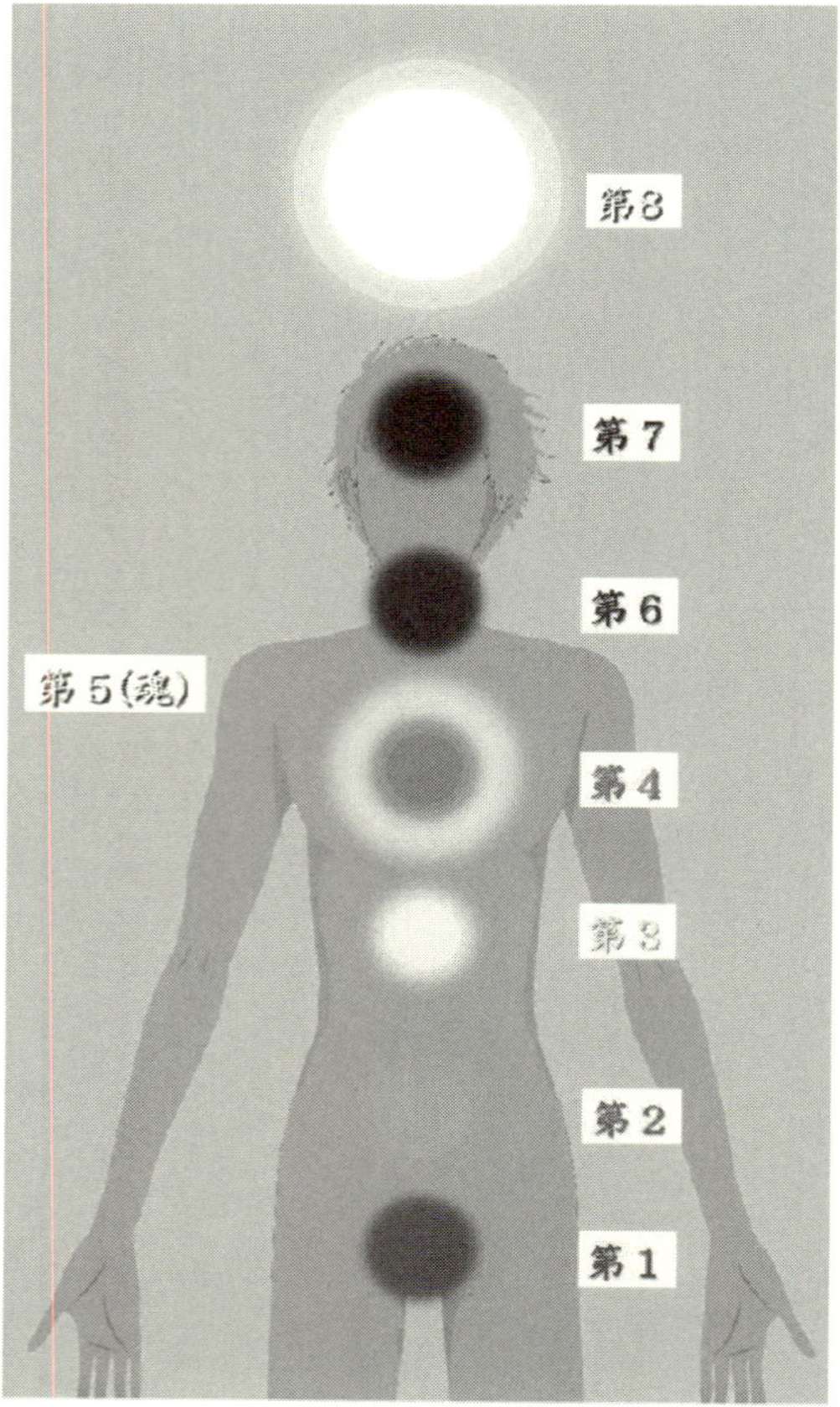

それは、厳密にはチャクラではありませんが、さきほどの三位一体における、『魂』です！

すべてのチャクラも魂も、物質次元ではありませんので、体の中にあるわけではありませんが、そのポータル＝エネルギーの出入り口が、人体にあると言えます。

『魂』のポータルは、ハートセンターと同じで人体の中心です。

魂がどこにあるかと言えば、やはり自分の「中心」という感じですよね！

※ですから多くの人は、「自分」を指す時には、中心の胸のあたりを指します。

ちなみに、「自分」という言霊は、自然＝神の分御霊（魂）という意味を持っています。

ゆえに、大いなるすべて＝宇宙＝神の分身（神）である魂＝ハイアーセルフの中心である、ハートと魂が、とても重要なのです!!

真の自分の中心であり、大いなるすべてのポータルなのです!!

そして!!　この【愛の奥義】は、太陽系のアトランティスの最盛期には理解されており、二千年前にマスター・イエスも伝えていたのですが、現在は地上のどこにも明確には書かれておらず、正確には残っていません。

それは故意に隠されているわけではなく、本来は、誰もが発見しうる唯一最大の【アセンション・スターゲイト】であり、奥義なのです。

はじめであり、おわりである、唯一のアセンション・スターゲイト。

――その名が、【愛】なのです。

あなたの【愛】の扉が開く時、あなたのアセンションの扉が開くのです!!

そしてそれは、一度開いたなら、永遠に閉じることがありません。

この【愛の奥義】は、全宇宙で唯一絶対のものであり、アセンションの法則・宇宙の法則とも同じです。

そして、全チャクラ＝エネルギーセンターの活性化も、まさにこの法則の中にあります!!

この法則こそが、その奥義なのです。

すなわち、【愛のハートセンター】が活性化すると、（それによってのみ！）適切に、すべてのチャクラ＝エネルギーセンターが活性化していくということです。

※例外は、絶対にありません!!　（これまでの実証例においてもすべてそうでした）

なぜなら、皆さんのハイアーセルフを含む高次から観て、最も重要なのは、能力や頭の良さではなく、意図、目的、すなわち『心』であるからです。

重要なのは、ハートであるからです。

アセンションとは、『愛の大きさ』だからです！

そして、心臓ともつながっていますから、その「愛のエネルギー」が全身に、全チャクラ＝エネルギーセンターに送られ、活性化していくということなのです。

ですから、いかに【愛】が重要かということが分かりますね！

そして、万人にとっても、最も重要なものであり、実は、宇宙のすべての存在にとっても、唯一最大の共通言語＝エネルギーなのです。

宇宙創造主は、宇宙すべての生みの親であり、神は愛であると言われます。

宇宙のすべての存在は、神の愛から生まれ、愛によって育まれ、愛から成り、愛である。

そして、あなたの【愛】であるハートセンターが活性化すると、まさに真の自己、ハイアーセルフの本体である、『魂』レベルとつながっていきます。

そして、五次元レベルの波動に近づいていきます。

多くの場合、これを「アセンション」と呼んでいるのです!!

地球史の過去においても、主にこれがゴールでした。

しかし‼　今回の、ここの宇宙における最終・最大アセンションでは、それが真のスタートとなるのです‼

永遠、無限の、愛と光と歓喜のアセンションに向かって‼

そのために、真の自己、ハイアーセルフと再び一体化することが重要であり、必要であるということですね！

宇宙創始からの流れを汲む、愛と光の高次のアセンション・アカデミーには、そのためのとても効果的な「アセンション瞑想」のメソッド（体系的なコンテンツ）があります。

超古代からの高次のアセンション・アカデミーや、神殿の奥宮でも使われてきたものであり、その中今・最新版です。

超古代から実際に、高次のネットワークにつながっているものであり、一定の条件の元で開始すると、ハイアーセルフ及び高次とエネルギーがつながります。

実施した人は、百パーセント、ハイアーセルフ及び高次とのつながりに成功しています。

なぜなら、この手法そのものが、内なる神＝ハイアーセルフとのコンタクトのために、太陽系のアトランティスで高次のマスター方により、創られたものだからです。

とても深い、高次のアセンションの科学によるものですが、実は子供でもできるシンプルなものです。クリスタル・チルドレンの子供たちも、その方法で容易に、ハイアーセルフや高次とのコンタクトを進めています。

この「アセンション瞑想」について、超古代からの高次のアセンション・アカデミーでは、まずは本人＝地上セルフと、ハイアーセルフの意志、そして高次からその伝授許可を受けたメンバーを対象に、直接的な「口伝」のみとするというルールがあります。

その理由は、一定のアセンションの基礎的な学びを経て、この手法でハイアーセルフとのコンタクトを本格スタートすると、実際に高次のエネルギーとつながり、そのエネルギーが動き出すので、継続的にサポートできる体制が必要であるからです。

今後は、アセンションをもっと拡大するために、よりオープンにしていくという高次の方針もありますので、そのメソッドも、少しずつ、開示されていく予定です。

このように、アセンションの本質、原動力とは、とてもシンプルなものであり、その奥義である**【愛】**は万人にとって最も重要なものですが、アセンションとは、無限の意識の進化＝**愛の神化**です。そして愛と叡智は両輪であり、力は正しく使うことが必要です。

永遠、無限の真のアセンションとは、宇宙のすべての存在にとって重要で必然のものであり、愛の意志、愛の叡智、愛の光を徐々に身につけ、愛と光そのものになり、いずれ宇宙のすべての存在のアセンションをサポートしていくことにあると言えます。

この「アセンション瞑想」であなたの愛のアセンション・スターゲイトが開くと、真のあなたである、『魂』という神聖な神殿に到達します。

そこであなたは、ハイアーセルフと一体となり、愛と光の高次の存在ともコンタクトできるようになります。

この宇宙創始のマスターからのメソッドでも、最も重要で注目すべきことは、真の自己であるハイアーセルフ、そして、そこから無限に連なる、愛と光のすべての高次とのコンタクトや、その中でのアセンションのコ・クリエーション（協働創造）の原点は、すべて【愛】であり、ハートセンターである、ということなのです！

そして、あなたが【愛】を選択した時、その無限の扉が開いていくのです！

「アセンション瞑想」では、このハートセンターから上のすべてのワークは、常に、ハイアーセルフと一体となったものとなっていきます。

ここでは、今、最も重要な「八つ」のチャクラ＝エネルギーセンターについて述べていますが、次元と同様、それは無限にあります。アセンションのトータルでは、実は第十三くらいまで使っていきますが、まずはここに述べている「八つ」のチャクラのマスターが重要であり、そしてその真の中心となるのが、自己の中心のハートと魂である、ということなのです。

各チャクラ＝エネルギーセンターについては、「アセンション瞑想」＝ハイアーセルフとのコンタクトへ向かって、アセンションをスタートするための入門の基礎知識となるものです。

一般の既存の資料の多くでは七つのチャクラとなっていますが、重要なチャクラが八つあるということは、ぜひ参考にしてください。

さらに上のチャクラ＝エネルギーセンターの概要について述べますと、第六のスロート《のど》・チャクラ（青）は、科学的な思考や、芸術的なエネルギー等を司ります。

すなわち、旧体系で言う、シリウスのエネルギーです（現在のシリウスは、アンドロメダのエネルギーへとアセンションしつつあります。ご関心がある方は、明窓出版発行の「シリウスの太陽」〈太日晃著〉を参照してください）。言霊の源は『魂』ですが、地上では、このスロート・チャクラが言霊の発現に関係するエネルギーセンターですので、トータルでは、「表現」のエネルギー・センターであると言えます。

次の第七は、額《ひたい》のほぼ中心に位置する、アジナーセンターと呼ばれるものです。各自のオーラにもよりますが、これが活性化してくると明るいパープル（淡い紫）の光が観えてくることが多いです。

アジナーセンターは、人体のクリスタルと呼ばれる松果体や、頭頂の第八のチャクラ、サハスラーラにもつながっており、様々な重要な働きがあります。適切に発達してくると、銀河、宇宙の高次のアカシックレコード（高次のエネルギー帯にある、様々な記録、情報）とつながることができます。

また、浄化や昇華のエネルギーも持っていて、古代から、「第三の眼」とも呼ばれています。これは、「真実、真理を観ることができる」という意味から来ています。

しかし、アジナーセンターだけを活性化しようとしても、絶対に成功しません。むしろ危険なことになります。

なぜなら、アセンションにおけるすべての力は、すべて、ハイアーセルフとその高次が司っているからです。

前述のように、最も重要なのは心であり、愛であるからです。

ですから、ハートセンターが真に活性化していくと、すべてのエネルギーセンターも、適切に活性化していくのです。

超古代の高次のマスターは、人体について、次のように述べています。

『人体の中心には、魂である太陽が輝き、その周囲を太陽系の惑星のように、物質である肉体が回転している。そして脳天には銀河が宿る』と。

これが、日戸《ひと》の、真実なのです！

自己の中心太陽である魂は、太陽系の太陽の分御魂《わけみたま》そのものなのです。

そして、脳天に輝く銀河も、太陽系の集合体です。すなわち、自分を含む、宇宙のすべての生命の情報です。しかしそれは、自分の中心ではありませんね！

ですから、頭の方にばかり意識の焦点がいくと、バランスがおかしくなる

のです。

必要ではない情報にばかり惑わされ、混乱したりします。

ゆえに、自分の中心である、ハートと魂が重要なのです!!

その愛と光の発動のための叡智や情報として、そのためにのみ、高次の情報はあるということなのです!!

実は、アセンションに関心がある人は、今回、明確にアセンションとライトワークを目指してこの地球に来ており、その本体（ハイアーセルフ）は、宇宙や天界の高次元の文明から来ている人がほとんどです。

ゆえに、それまでの習慣で、比較的、ハートセンターより上のチャクラ＝エネルギーセンターを使っていた人が多く、生まれながらに、潜在的に、上の方のチャクラが活性化している人が多いのです。
比較的早い時期から、何らかの高度なメッセージを受け取る人が多いのは
そのためです。
そうした人たちは、地上に人間として生まれた経験が少ないので、逆に、
ハートセンターから下のチャクラのエネルギーが弱いことが共通しています。
そのエネルギーとは、いわゆるグラウディング、物理次元につなげていく力
などです。
その人たちも、【ハートセンター】を強化していくと、全体のバランスが取
れていきます！
基底のチャクラから上昇する、アセンションのエネルギー、意志のエネル

ギー。

そして高次とハイアーセルフから降りてくるエネルギー。

その両者がひとつとなるのが、ハートという「門」であり、魂という「神殿」なのです。

その時に、あなたの、真のアセンションのスターゲイトが開くのです!!

――愛とは?! それは、あなたがハートと魂で感じるエネルギーです!

それが、あなたの内なる神、ハイアーセルフのエネルギーなのです。

愛を感じる時! 愛のエネルギーを出している時。

感動して涙を流している時! 歓喜のエネルギーに溢れている時!

ワクワクしている時！

それが、あなたのハイアーセルフのエネルギーであり、ハイアーセルフとつながっている状態なのです！

あなたが体験していることとそのエネルギーが、ハイアーセルフにとっても重要なことなので、つながっているのです！

逆に観ると、常にそのエネルギーにつながっている状態になっていくと、ハイアーセルフにつながっていくということになります！

ハイアーセルフとは、真の自分です。自己のハートであり、魂であり、「永遠の本体」です。

ですから、ハイアーセルフには、常にハートと魂を通してのみ、真につながるのです。

ハートと魂のエネルギーが、ハイアーセルフからのメッセージです！

愛とは、あなたがハートと魂で感じるエネルギーであり、ハートと魂から発信（神）するエネルギーなのです！

そしてそれは、あなたの、内なる愛と光の神からの発神です！

——愛とは?! について、そしてなぜそれが重要かについて、皆さんといっしょに観てきました。

愛がなぜ重要かということについて、かなりの部分がお分かりいただけたと思います！

そして、真のアセンション・スターゲイト。そのはじまりである、【愛】。

生まれてからこれまで、一度も愛を感じたことがない人はいないと思います。

ですから、愛は、宇宙のすべての存在にとって最も重要なものであり、そしてアセンションは、誰にでも真に可能であるということが、お分かりいただけたと思います！

皆さんもぜひ、今から、ここから、あなたから、【愛】を選択してください！

そして、真のアセンション・スターゲイトの扉を開いてください！

それは宇宙のすべての存在にとって、真の幸福の扉なのです。

アセンションは気愛でできる！

皆さんは、宇宙の中で愛が最も重要であり、そして高次のアセンションの科学の様々な観点から観てもそうであるということについて、だいたい理解されたと思います！

いかがでしょうか！　ハートと魂のエネルギーがかなり高まり、活性化してきたのではないでしょうか！

そうか、あの体験がそうだったのか！　と、思い返していらっしゃる方も多いと思います。

――ということで、いよいよ皆さんは、「愛と光の使者」となる準備が整ってきたことでしょう！

少しも難しいことではありません。愛と光を選択するだけなのです。

それは、地上の自分と、永遠の本体であるハイアーセルフの、真の幸せの道を選択することなのですから!!

一歩を踏み出すだけなのです。今、ここから!!

そこから先は、内なる愛と光が導いてくれるでしょう!!

あなたのハートの愛のエネルギーが発現されると、それはあなたのまわりにも、大きな影響を与えるのです。

経験したことはありませんか？　愛を感じている時に、人生は薔薇《ばら》色になるとよく言いますが、ハートからその光とエネルギーが溢れ出て、本当にオーラが薔薇《ばら》色になります！

そして人生とオーラが薔薇《ばら》色になると、あらゆることができる、可能であると感じたことはありませんか？　そして、あらゆることが実際にうまくいったという経験はありませんか？

――その通りなのです！　なぜなら、自己の真の創造主である、ハイアーセルフとつながっているからです！

これがまさに、宇宙で唯一最大の、「成功の科学」ですね！　(笑)

そして、真に幸せになるための道です。

ですから、「愛を選択する」「愛と光の使者になる」ということは、イコール、真のアセンションの門であり、道なのです。

愛を選択することは、少し勇気がいるかもしれません。

しかし、その先に、真の幸福が待っている、ハイアーセルフが待っている、永遠、無限のアセンションが待っている！　と考えると、勇気が湧くのではないでしょうか！

愛とは勇気であり、意志のエネルギーでもあります。

あらゆるすべての源は、エネルギーであり、意識です。

アセンションの科学では、真のコミュニケーションについて、肉眼で見たり、耳で聴いたりする三次元の情報は全体の十五パーセントほどであり、残りの八十五パーセントは、「目に見えないレベル」であると言われます。

心当たりがある方も多いでしょう。特に日本人は、比較的その「目に見えない」コミュニケーションが得意であると言われています。いわゆる「以心伝心《いしんでんしん》」（言葉や文字を使わずに、心を伝えること）ですね。

意識、エネルギー、そして様々な事象について、本を読んで感動することも多いと思います。そして、手紙やEメールから伝わってくることもあるでしょう。

でも、それらの文字そのものに、エネルギーがあるわけではないですよね。
そこに込められたエネルギーを感じているということですね！
実は、とてもたくさんのエネルギーを、込めることができるのです。
そしてそれを、受け取ることができるということですね！

あなたが感じたこと、感動したこと、伝えたいことについて、直接、人に面と向かって話をする時も、（興奮している時ほど?!）それほど多くの言葉は使いませんね！　でも、たいていは、相手によく伝わると思います。相手の人は、八十五パーセントは、エネルギーそのものや、いわゆる「アカシック・レコード」（高次の情報のエネルギー帯）と同じようなものを無意識に感じて、受け取っているのです。

すべての源である「エネルギー」、「意識」。その「目に見えないレベル」が、実はとても重要だということですね!!

ですから、あなたが毎瞬発信しているエネルギーは、集合意識のすべて、地球のすべて、そして宇宙のすべてへ、真に伝わっているのです。

人と同じように、地球にも七つのエネルギーセンター（チャクラ）があります。

それは、地球に存在するすべての生命体のチャクラの総体であるとも言えるのです。

地球の中心のハートセンターは、セントラルサンとも呼ばれます。

あなたの愛と光が、毎瞬、拡大するたびに、人類と地球の中心の愛と光も大きくなります。宇宙の愛と光も、大きくなるのです。

それをアセンションでは、「ライトワーク」と呼んでいます。アセンションのための愛と光の仕事です。

それが「愛と光の使者」なのです！

――そして、ここまで共に観てきましたように、真のアセンションの扉を開く、唯一絶対の法則、【愛】は、子供からお年寄りまで、全人類、全宇宙、どのような存在にとっても、最も重要なものであり、誰にでもできることなのです!!

【愛】によってのみ、真のアセンションの扉が開く！

そしてその扉は、一度開いたなら、二度と閉じることはない！

そこからは、永遠、無限の、アセンション・ワープへとつながっていく！

――これは、アセンション・アカデミーでは、すべての例で実証されています。

そして宇宙創始からの、最も古い、トップ&コアの法則であり、奥義なのです。

ですから、もちろん、あなたにもできるのです!!

真のアセンション＝幸福の道へ！　それを選択してください！

――このように観てきますと、真のアセンションのスタートとは、【気愛《きあい》】であるということがわかると思います!!

真に、そうなのです!!

第三章

愛と光のアセンションへ向かって！

アセンションへようこそ！

いよいよ皆さん、真のアセンション・ゲイト＝【愛】の扉を開き、アセンションの準備がととのってきましたね‼

この章では、まずはあらためて「アセンション」について、分かりやすく、くわしく、ともに観ていきましょう！

アセンションとは、何でしょう⁈

皆さんが感じている、アセンションとは⁈

何かとてもワクワクする。素晴らしいことが待っている感じがする！

高次元へ、変容していく感じがする……そのように感じられているかもしれません。

実は、「アセンション」という言葉そのものも、アセンションの「目覚め」のための、重要なキーワードのひとつなのです。

これまでの章で、**【愛】**という言霊《ことだま》（エネルギーが込められた言葉）と、あなたの愛そのものが、アセンションの唯一最大の扉を開く真の鍵であることも、分かったと思います！

あなたにとってのアセンションのキーワードは、他にもいくつかあります。

それらは、「**あなたのハートと魂に響《ひび》く言霊《ことだま》**」なのです!!

それはあなたの「ハイアーセルフ」からのメッセージであり、アセンション＝永遠、無限の真の幸福な道への道しるべです。

ゆえに、それに注意を払うことが、とても重要であるということが分かると思います！

ぜひそれを大切にし、実行し、活用していってください！

さて、それらのキーワードとエネルギーは、どのような変容をもたらすのでしょうか？

まずは前述のように、**「あなたのハートと魂に響《ひび》く言霊《ことだま》」**。それがあなたのハイアーセルフからのメッセージであるということが、とても重要です。

そのメッセージのひとつひとつが、「あなたのハート&魂＝真のあなた＝あなたのハイアーセルフ」という、宇宙にたったひとつの、真の宝へつながる水先案内なのです。

あなたが、内なる愛と光であるハートと魂の声に従い、ハートと魂で考え、行動し、生きる時!!　それはどのような効果をもたらすでしょうか?!

イメージしてみてください！　感じてみてください！

それが真のあなたです。あなたの内なる愛と光の解放であり、発現です。そしてそれは、全開へと向かっていきます!!

ハートと魂のエネルギーが、拡大していくのを感じるでしょう！

ハートと魂のエネルギーが活性化し、全身と、細胞のひとつひとつに、活力がみなぎってくるでしょう！

ハートのエネルギーは、心臓のエネルギーの元でもありますから、全身にエネルギーが活性化していきます。

それが真の、生命のエネルギーの源なのです。その源が、真のあなたであるハイアーセルフであり、究極は、宇宙創造の源までつながっているのです。

まずは、あなたの**「あなたのハートと魂に響《ひび》く言霊《ことだま》」**、ハイアーセルフからのメッセージを見つけてください！

そしてその内なる愛と光の声に従い、実行してください。

そしてそのエネルギーを体験し、体感してください！

内なる愛と光につながっていくほど、ハイアーセルフとのつながりも強くなっていきます。

するとあなたの愛と光の本源にますます近づき、そのエネルギーを、ますます強く感じるようになっていくでしょう！

あなたのハートの愛と、魂の光が、ますます強くなっていくでしょう！

それはすべてを包む愛となり、照らす光となっていきます。

さて、「アセンション」に関心がある皆さまは、今回、地球に来るにあたって、長い宇宙史をかけてそのための準備をしてきた人たちなのです！

ですから、「目覚め」のための、重要な目覚まし時計のひとつである「アセンション」という言葉を聞いた時に、スイッチが入るのです。

そして、その点火エンジンと燃料、推進力は、これまでに述べてきた【愛】

のエネルギーです！

スイッチが入ると、高次では、「アセンションＤＮＡ」と呼ばれているものが起動します。

それは実は、「フォトン」（光の粒子。万物を構成する源）によるものなのです。

特に二〇〇〇年以降、太陽からもフォトンはたくさん放射されていますが、その究極の源は、宇宙の根源太陽です。

それは、我々すべての源でもあり、我々のハイアーセルフ連合である宇宙連合は、「大いなるすべて」と呼び、天界では「一なる根源」、神界では「根源神界」等と呼ばれています。

そして、その根源の「分御魂《わけみたま》」であると言える、我々一人ひとりの『魂』。

その本質は、根源の光、根源のフォトンそのものなのです！

ですから、アセンションのための準備ができてスイッチが入り、ハートの扉が開き、魂が成長し、活性化してくると、DNA（遺伝子）が光になっていくのです。

そうなると、まさにタッチ＆ゴー。体が軽くなってきたり、自己のあらゆるすべてのエネルギーが活性化し、加速＝波動が上がってくるのを感じていくでしょう！

それが、五次元の波動に近づいていくということなのです。

これまでの地球史でも、部分的なアセンションは何度かありました。そしてその時の主なゴールは、平均すると、五次元であったと言えます。

本書は、五次元について述べるのが主な目的ではありませんし、その詳細については今後の機会としたいと思いますが、「五次元になる」ということについて分かりやすく一言で述べますと、「ハイアーセルフ＝真の自己＝永遠の自己」との一体化である‼　ということなのです。

それがどういうことなのかは、本書をここまでお読みくださった皆さまには、もうだいたいわかってきたと思います！

五次元とは、原因と結果がひとつになる次元であると言われます。

それはすなわち、自己の真の創造主と一体になるということなのです！

皆さんも五次元の波動になっていくと、実際にそれを体験していきます！

それが、『魂』のレベルの次元です。

「思ったことがすぐに現実化する」とか、「望む現実を真に創る」次元であると言われますが、ここで重要なのは、前述のように、『魂』の本質とは「まったき光」そのものであるということなのです！

でも、そんなに難しいものではありません。

なぜなら、それが皆さんの魂の、創始からの本来の本質であるからです！

生まれた時にも、皆さんの魂は、「まったき光」そのものであるということなのです！

ですから、まずはそれを取り戻し、その光をさらに大きくしていく、ということです。

さて、皆さんとハイアーセルフが待ちに待った今回の、宇宙史最終・最大のアセンションのトップ&コアとは、実はこれまでのゴールであった五次元が、真のスタートとなるのです!!

でもこれも、本書をお読みの皆さんは、すでにそれほど難しいとは思わないのではないでしょうか?!

そうですね! それは、真の自己＝ハイアーセルフである、自己のハートと魂と、一体化することであるからです。

そこからが真のアセンションであるということは、おのずとお分かりになると思います。

なぜなら、アセンションとは、真に永遠、無限のもの。

だから、素晴らしいと言えます!!

そして、前著の「天の岩戸開き――アセンション・スターゲイト」をお読みの皆さまはご存じかと思いますが、宇宙とアセンションの唯一最大の法則＆奥義《おうぎ》。

それは、「アセンション＝ライトワーク」。

ライトワークとは、特に「アセンションに関わる高次の仕事」という意味ですが、分かりやすく述べますと「皆のアセンションにプラスとなる仕事をするために、その力がハイアーセルフと高次から与えられる」という意味なのです。

※その結果が、自己のアセンションになるということであり、その逆ではないということが、とても重要です。

（ですから、実際には、「アセンション↑ライトワーク」という感じですね！）

一見、とてもシンプル。しかし、唯一最大のアセンションの奥義《おうぎ》！

愛と光、そして永遠の幸福への道となるアセンションへ向かって本格的に歩み始めた人は、必ず全員、この法則を体験します!!

これは、アセンションのすべてのレベルにおいて通じる法則であるからです。

そして、宇宙のはじまりからの、唯一最大の法則&奥義《おうぎ》だからです。

別の名では、【愛の法則】と呼ばれます。

ですから、何万年かかってもできなかったアセンションも、このシンプルかつ、すべての存在にとって最も重要なこの法則を真に理解し、実行すると、突然、タッチ&ゴーで全開となり、真のアセンションとその体験へ向けて、動き出すのです!!

この法則が、すぐには理解できなくても心配はいりません！

多くの人々が、この法則の理解と、体感と、実践により、素晴らしいアセンションを遂げ、愛と光の存在となり、ハイアーセルフと一体となっています。

――実はこの法則は、シンプルかつ最も重要であるがゆえに、宇宙のはじまりより、自らが発見すべきものだとされてきました！

けれども、それを発見するための時間もあまりないことから、公開が許可されたのです。

そして前世を含めて、何百万年もアセンションの修業と勉強をしてきた人。逆にそういう難しい知識をたくさん持っている人ほど、この子供たちにも理解できる、唯一最大の【愛の法則】についてすぐには気づかない人が多く、アカデミーの中で繰り返し学び、体験した結果、突然ワープしていく人が多いようです。

そして、前述のように、その唯一最大の扉の鍵は、自らのハートと魂にある、ということなのです!!

すべての本質とその奥義は、【愛の法則】であり、その中にあるということですね!!

そして今回、アセンション＝ライトワークを目指して地球に来ている人たちは、ここの宇宙での学びを終えて、新たな、次のレベルの宇宙を創造するため、そこへシフトしていくために来ていると言えます。宇宙学校の最終試験のような感じです。

そして重要なのは、自らとそのハイアーセルフが、本来、明確に、その目的を持って来ている！　ということなのです。

それらの人々＝皆さんは、長い宇宙史の中で、ずっとそのための準備をしてきたのです！　愛と光の道へ、明確に進んでいくために！　それをさらに拡大していくために！

しかしある統計によりますと、現在ある程度目覚めているのは、それらの人々の十パーセントくらいであると言われています。

それには、三次元的な教育や環境等、いろいろな要因があります。

そのために、「アセンション」という目覚めのキーワードや、自己のハート&魂=ハイアーセルフからのメッセージやエネルギーの信号があるのです!!

そして特に、地球の五大陸のプレートとエネルギーを統合する中心であり、古代の五色人のDNAを統合していると言われる、日本に住む人々。この日本に住む人々の一定の人数が真に目覚めると、その意識とエネルギーが、全体に伝わっていくと言われています。

これが、地球全体のアセンションへつながるものであり、地球維神(新)と呼ばれているものです。

宇宙史上、自分史上で、今回本当に初めて「アセンション」という言葉を聞く人。初めてアセンションへ向かって歩き出す人は、五次元がゴールであると言えます。

ですから、皆さんとそのハイアーセルフは、それらの人たちを導いていく役割もありますし、とても重要なミッション（自らと天が定めた使命、天命）を持って生まれてきたということですね‼

そして、なぜ五次元からが真のアセンションのスタートかということも、だんだん分かってきたのではないでしょうか！

そのミッションを実践するためには、ハイアーセルフや高次とつながる必要があるからですね！

これまでの長い宇宙史と、自分史のクライマックスを飾るために‼

宇宙と地球への御礼とするために‼

では、これまでいっしょに観てきたアセンションについて、なるべく分かりやすく、ここでまとめてみましょう！

――「アセンションとは?!」

◎宇宙のはじまりからおわりまでの、宇宙のすべての存在にとって共通で、最も重要な、意識の進化そのもの。宇宙全体が、そのためのひとつの学校であると言える。

◎現在、宇宙の歴史と地球の歴史は、そのクライマックスとなっており、この特別なイベントを、特に「アセンション」と呼んでいる。

◎今が、これまでのすべての成果を結集し、開花させる時!!

◎アセンションの唯一最大の扉は、自己のハート！

◎ハート＝【愛】のエネルギーは、ハイアーセルフからのメッセージ！

◎ハートの扉が開くと、真の自分、永遠の本体である、『魂』という神殿に至る。

◎ハートと魂が真に活性化し、ハイアーセルフと一体化していくと、五次元の波動となっていく。（※アセンションの第一段階）

◎ハイアーセルフと一体化すると、ハイアーセルフを通して、天界や神界とつながるようになり、皆のためのアセンションの仕事を、天界や神界とともに行っていくこととなる。

（※真のアセンション・ライトワーカーとなる！）

◎アセンションは、永遠、無限の、愛と光の道。

愛と光、そのものになっていくことである！

――以上、いかがでしょうか!!

アセンションについてのお話は、まだまだ永遠、無限にあります。

アセンションへようこそ!!

ハートの扉を大きく開き、愛と光の中へ、大きな第一歩を踏み出してください!!

無限の未来と、幸福へ向かって!!

愛と光の地球維神へ！

今、皆さんのハイアーセルフと、愛と光の高次から、信じられないほどの愛と光が、地上の皆さんのハートへ向かって集まってきています!!

これが、愛と光の地球維神です!!

これは、宇宙史上初と言える、すごいことなのです。

宇宙のすべての愛と光が、集まってきているのです。

「今」が、とても重要な時だからです！

このエネルギーを、地上にいる皆さんのハートまで届けるには、莫大なエネルギーが必要なのです。

これが、皆さんのハイアーセルフと、宇宙のすべての高次の愛と光のエネルギーなのです！

それを届けるためには莫大なエネルギーと集中が必要ですから、それほど長くは続けられないかもしれません。ですから、「タッチ＆ゴー」なのです！

今が、最大のチャンスなのです！

宇宙のアセンション・ゲイトが、大きく開いているのです！

――そして、【愛と光の使者】が、一人でも増えていくほど、その扉はさらに大きく、力強くなっていくのです。

それが、本当の地球維神なのです。

愛と光の意志を持つ、皆さん一人ひとり、そのハイアーセルフ、地球そのもの、そして宇宙のすべての高次が、一体となるための!!

ですから、本書を通した今回の内容とメッセージは、とてもとても重要なものです！

宇宙のはじまりから、すべての存在にとって、最も重要なもの。

そして、すべての存在が理解でき、実現できるものです!!

とてもスペシャルな、中今最新の動きであり、ビッグニュースです！

そのために必要なのは、【愛】の扉を開くことだけなのです！

次の頁の図をご覧ください。

この図は、我々が「愛の使者」「地球維神」のプロジェクトMAPと呼んでいるもので、そのエネルギーを表したものであり、全体の一部です。

実はこの図は、とても重要なことと、そのエネルギーを表しています！

まず、最も重要なのは、

◎ハートが全開になると、アセンションは、最短距離、最短・直通コースとなり、垂直上昇となる!!

ということです！

ここまで本書を読まれた皆さんには、お分かりになると思います！

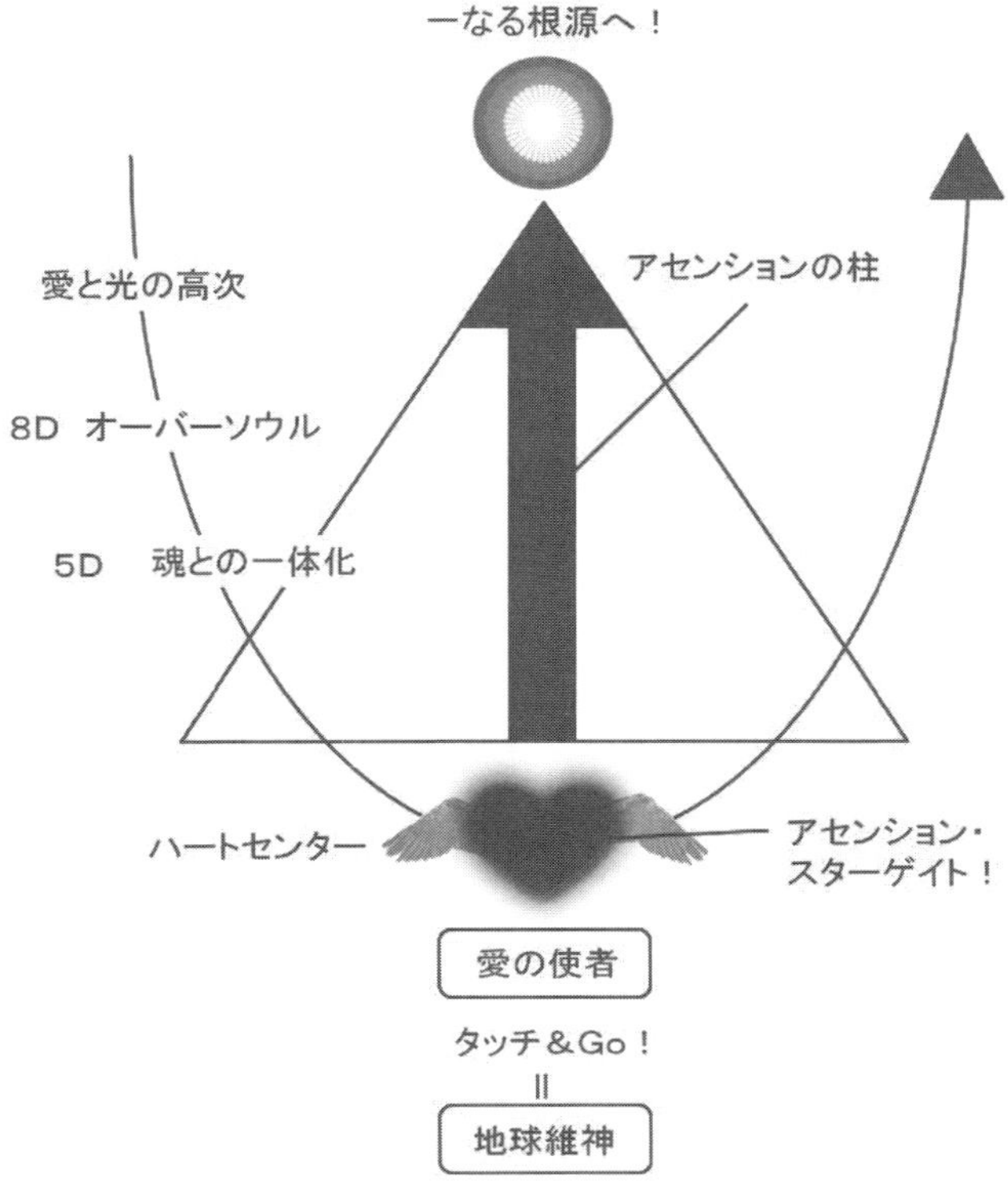
一なる根源へ！
愛と光の高次
アセンションの柱
8D　オーバーソウル
5D　魂との一体化
ハートセンター
アセンション・
スターゲイト！
愛の使者
タッチ＆Go！
II
地球維神

どのような観点から観ても、まさに、実際にそうなのです!!

さらに!! 図を観ると分かると思いますが、直接、トップ&コアにつながっていくのです!!

すべての、愛と光の根源へ!!

それは、ハートのゲイト、【愛】からのみ、真につながっているのです!!

たとえどれほど遠回りをしてきたと感じていても、この自分の真の中心から、愛の中心から、すべての中心へ、今、つながっていくのです!!

今、このプロジェクトが、皆さんのハイアーセルフとともに、宇宙のすべての愛と光の高次で、動いています。

それが、皆さんたちもこれから体験し、ともに創造していく地球維神なのです。

すべてをともなって！　すべての中心から！

タッチ&ゴーで!!

上昇していくのです!!

それが我々と、皆さんの、アセンションなのです!!

愛と光の中で、皆さんのハイアーセルフが待っています!!

「愛の使者」「愛と光の使者」＝アセンションを、ともに体験し、創造していくことを!!

おわりに

アセンション・ファシリテーター　Ａｉ＆すべての愛と光の使者より

みなさま、いかがでしたでしょうか！

――宇宙のすべての生命にとって、最も重要なこと。

それがアセンションの最大の鍵であり、扉であるということが、お分かりいただけたと思います！

――そしてそれは、本来、誰でも実現できるということを‼

子供からお年寄りまで、老若男女の区別なく‼

本書が、皆さまがアセンションについてより関心と理解を深め、アセンションの真の扉を開くきっかけとなれば、この上なく幸いです。

そして、真のアセンションの入門とは？　その最も大事なこととは？　についての、誰にでも分かりやすいガイドブックとして、皆さんが周囲のアセンションに関心がある人たちへお話をする時などにも活用していただけると、とても嬉しいです！

皆さんが、真の自分であり、永遠の本体であるハートと魂へつながっていくこと。それが、真のアセンション・スターゲイトであることをお伝えすること。そこに、真の幸福の道が待っているということをお伝えすることが、本書の目的であり、皆さんのハイアーセルフの願いなのです!!

皆さんが、アセンション・スターゲイトの扉を開き、真の自分の本体である、ハートと魂へつながっていくための点火装置となれば嬉しいです！

そして、それを思い出すためのガイドブックとして、活用いただければ嬉しいです！

今、とても大きな、素晴らしい動きが、皆さん一人ひとりのハートと魂の中で、そしてハイアーセルフで、宇宙の愛と光の高次で、起こっています!!

具体的には、地球人類の、ほぼすべての人のハイアーセルフが共通して所属している、「愛と光の銀河連合」という領域ではじまっています。銀河の創始からの愛と光の種族であり、家族です。

それらについても、皆さんは、愛と光のアセンション・スターゲイトが開いていくとともに、歓喜の中で思い出していくでしょう!!

実は、この愛と光のエネルギーは、強い伝播力を持っています!!

真の、愛と光の地球維神であり、すでに動き出しているのです!!

皆さんは、もうそれを感じておられるかもしれません!!

根源の愛と光の中へ、ともに向かって!

Ａｉ＆愛と光の使者より

―― 愛のメッセージ ――

神聖なる愛（2）

愛は、心の中から共鳴し、湧き上がる源泉。
暖かく、強く、優しく、心に灯をともす活力のもと。
神聖なる愛は、根源より来たる、万物を育む源泉。
自らのハートと共鳴し、幸せへの道を示す活力のもと。
神聖なる愛を感じる時、厳かな中に、自己の意識は
クリスタルとなりて、白き光を観る。
その共鳴は金色に輝き、魂をふるわす。
神聖なる愛は、常に見守り、常に育む、宇宙の愛。
目覚めを呼び起こす、根源神の愛。

降り注がれる愛に、満たされた心には、
自己の内なる望みを見出して、大いなる翼が生れる。
愛ある翼は、やがて自己の使命と本質を見出し、
天空に羽ばたいていく。
神聖なる愛は、宇宙に満たされる光。
万物を包み込む、根源神の愛。
神化を促す、愛の光。

大天使＆ロード・キリスト・サナンダ　（チャンネル：愛伝）

神聖なる愛（3）

それはだれにも乱されることなく、自らの内に輝く光。
全てのものに『神聖なる愛』はやどる。
幼子に、老いた者に、男女に、この世界に。
私たちは、神聖なる根源から生まれた、神聖なる存在。
みな、根源を一つにするもの。
他人を愛するということは、自らを愛するということ。
いつも自らの中心である愛と光に戻りなさい。

その愛の泉から湧き出す神聖な水を、光に変え、
この地上の全てを包みなさい。

この世界に、神聖ではない愛は存在しない。
あなたがたはすでに、神聖なる愛の存在なのだから。

アセンディッド・マスター
ロード・キリスト・サナンダ　（チャンネル：あめのひかり）

◎ 著者プロフィール ◎
アセンション・ファシリテーターＡｉ（あい）

愛と光のアセンション・ライトワーカー家族、
ＮＭＣＡＡ（New Macro Cosmos Ascension Academy）
アセンション・アカデミー本部、メイン・ファシリテーター。
高次と地上の、愛と光のアセンション・ライトワーカー家族
とともに、日々、たくさんの愛と光のライトワーカーを創出
している。
主な著書は『天の岩戸開き―アセンション・スターゲイト』、
『地球維神』（共に明窓出版）等。

◎ＮＭＣＡＡ『愛と光の使者』アセンション・アカデミーへ
のご参加のお問い合わせ等は、下記のホームページをご覧の
上、Ｅメールでお送りください。

ＮＭＣＡＡ 本部公式ホームページ　http://nmcaa.jp

◎パソコンをお持ちでない方は、下記へ資料請求のお葉書を
お送りください。
〒６６３－８７９９
日本郵便　西宮東支局留　ＮＭＣＡＡ本部事務局宛

ＮＭＣＡＡ　本部公式ブログ　http://blog-nmcaa.jp
ＮＭＣＡＡ　本部公式ツイッター
http://twitter.com/nmcaa

愛《あい》の使者《ししゃ》

アセンション・ファシリテーターＡｉ《アイ》

明窓出版

平成二十三年七月十日初版発行

発行者―― 増本　利博

発行所―― 明窓出版株式会社

〒一六四―〇〇一二

東京都中野区本町六―二七―一三

電話　（〇三）三三八〇―八三〇三

ＦＡＸ（〇三）三三八〇―六四二四

振替　〇〇一六〇―一―一九二七六六

印刷所―― シナノ印刷株式会社

落丁・乱丁はお取り替えいたします。

定価はカバーに表示してあります。

ISBN978-4-89634-286-4

ホームページ http://meisou.com